수리산 둘레길 지나며

수리산 둘레길 지나며

심재황 제7시집

2023년 11월 30일 제 1판 인쇄 발행

지은이 | 심재황
펴낸이 | 심재황
펴낸곳 | 도서출판 나리북스

등록번호 | 542-12-01995 (2022년 02월 08일)
주소 | 15802 경기도 군포시 고산로 677번길 34, 1324-1303
대표전화 | 031) 398-5610
팩스 | 031) 398-5610
이메일 | julyshim@hanmail.net
ISBN 979-11-979286-3-5 (03800)
가격 10,000원

※ 잘못 만들어진 책은 바꿔드립니다.
ⓒ 이 책 내용의 일부 또는 전부를 재사용하려면
반드시 저작권자의 동의를 받아야 합니다.

수리산 둘레길 지나며

심재황 제7시집

ㄴ모ㄹ북스

작가의 말 --------------------------

봄이 되어서 이곳저곳 가보고 싶은 데가 있습니다. 어디로 가야 하는지 정하지 않아서, 우선 가까운 산을 둘러보게 됩니다. 그곳에 들어서면 둘레길을 지나게 되고, 고개를 넘게 되고, 산봉오리에 오르게 됩니다.

산길을 지나오면서 보게 되는 것들이 있고, 생각나는 것들도 있는데, 산 아래 이야기들이 다시 떠오릅니다. 지난 이야기들도 바로 여기에서 다시 생각하게 됩니다.

산에서 내려가면서 들리는 이야기도 있고, 일부러 다른 길로 들어서면 의외의 모습이 보이기도 합니다. 봄날이어서 그렇기도 하고요.

어느덧 더운 여름이 되고, 해마다 겪는 무더위를 피하기에 바쁘고, 하루하루 지내기가 참으로 어렵다는 생각이 들기도 합니다.

수리산에서 보이는 봄 여름 이야기를 그대로 꾸며보면서 가을날을 기대합니다. 수리산 둘레에는 또 다른 이야기들이 남아있을 거예요.

2023년 10월

차례

4 작가의 말

1부. 따스한 둘레길

14 반월호수 물결
15 실개천 조약돌
16 서리 내린 밭
17 초봄 채소
18 박태기나무
19 라일락 피려면
20 새하얀 조팝꽃
21 따스한 노점
22 하얀 산벚
23 한순간 일주일
24 반팔 옷
25 주말 전철
26 전철 빈자리

차례

27 반가운 만남
28 산속 목련
29 이른 초여름
30 호미를 사면서
31 안경 여러 개
32 5월 밤하늘
33 소리 없는 바람
34 아이들 소리

2부. 더워지는 둘레길

36 민들레 솜털
37 연한 감나무 잎
38 더운 날 아카시꽃
39 전철 소음
40 아파트 새벽
41 감나무 까치집
42 이팝꽃 아카시꽃
43 산속 오동나무

차례

44 둔대고개 바람
45 좋은 것들
46 자동차 연비
47 함께 가는 길
48 마음에 드는 달
49 흐려지는 새벽
50 놀이터 어르신들
51 금요일 시장 길
52 제과점 우정
53 아파트 주차장
54 선생님 둘러싸기
55 창문을 열고
56 이틀 남은 오월
57 택배 소식
58 달력 한 장
59 오르는 음식 비용
60 내일 약속
61 유월 가뭄

차례

3부. 쉬어가는 둘레길

63 목욕하는 곤줄박이
64 어두운 숲길
65 상연사 북카페
66 약수터 솔밭
67 다람쥐 교실
68 변하는 날씨
69 떨어진 버찌
70 매실 담그기
71 꿈꾸던 길
72 그곳에
73 대야미 백로
74 마을버스 보따리
76 시든 감자 줄기
77 무더운 수풀
78 백합 줄기 지지대

차례

79 밤꽃 향기
80 아우성
81 달밤 고라니
82 어제 달빛
83 토마토 줄기
84 가고 싶은 곳
85 저녁 장마
86 빗물에 씻기고
87 우비 입은 할아버지
88 짧은 유월
89 비에 젖은 까치
90 원두막 채소 할머니
91 노랑바위 물소리
92 수리산 산신령

4부. 무더운 둘레길

차례

94 무서운 무더위

95 늦게 가는 우편

96 창밖 먹구름

97 나빠진 시력

98 숲속 습기

99 무더위 작업

100 세월이 지나고

101 막히는 퇴근길

102 무더운 유령들

103 농지와 농사

104 궁내쉼터 할머니들

106 장마 흙물

107 울타리 밭 이쪽

108 울타리 밭 저쪽

109 붉은 배롱나무

110 한가한 주차장

111 할머니 물병

112 더위에 갈 곳

113 열대야 고통

114 비 내리는 콩밭

115 달빛 고라니

116 관모봉 먹구름

117 늦여름 밭

118 책 읽는 분

119 지나가는 계절

120 벗과 소나기

121 풀벌레 소리

122 새벽 햇살

123 벼 이삭

124 갈치 호수

126 작품 해설

수리산 둘레길 지나며

1부

따스한 둘레길

반월호수 물결

남산뜰 바람 올라오니
호수 물살이 깨어나네.

거슬러 흐르면서
잔물결 일어나고
물새들 날아가네.

찬바람 맞으면서
잔가지 흔들대고

슬기봉 바라보며
왕버들 움터가네.

실개천 조약돌

실개천 맑아서인지
조약돌 쓰다듬으며
조약돌 밟으며 흘러요.

실개천 흐르면서
조약돌 구르고

실개천 속에서
조약돌 반짝이고

하얀 조약돌은
실개천 소리 들어요.

(속달동 납덕골에서)

서리 내린 밭

차가운 새벽안개 속에
허연 자국이 남아있어요.

뒷산 마른 나뭇잎에도
곱게 갈아 놓은 밭에도
허연 서리가 남아있어요.

아침 햇살이 나오면서
서리는 이슬로 변하지만
채소 모종을 심지 못해요.

벌써 4월 중순이 지나고
잡초는 한 뼘이나 자라는데

늦은 봄날 서리가 무서워서
빈밭에 채소를 심지 못해요.

초봄 채소

이맘때 대단한 채소는
대파 부추 명이나물

봄날이 오자마자
서서히 돋아나는데

봄비가 적게 내려도
바람이 차갑게 불어도
상관하지 않고 자라고

밭고랑 잡초가 덤벼도
한밤 이슬이 차가워도
개의치 않고서 자라요.

박태기 나무

더워지는 늦은 봄에는
무성한 꽃들 떨어지고
박태기 불꽃 피어나요.

하늘을 향해 타오르며
대기를 뜨겁게 데워서
오가는 길을 막아서고

올해도 그 길은 더운데
박태기 꽃 보이지 않네

내년 봄에 어디에선가
박태기 꽃 보이겠는데

라일락 피려면

피어날 때 되었는데
골목길 어디에서도
향기가 나지 않아요.

오늘 저녁 지나서
비 내린다고 하는데

라일락 꽃향기가
어디에서 퍼지겠는데

라일락 꽃향기가
진하게 퍼져 나오면
그곳으로 가야지.

새하얀 조팝꽃

지난밤에 하늘이 맑더니
별들이 너무 총총하던데

별빛에서 떨어져 나온
새하얀 조각들이

한낮에 꺼지지 않고서
여기저기 남아 있네

새하얀 꽃잎으로 되어서
연한 초록 잎사귀 속에서
조금씩 조금씩 솟아나네.

(궁내공원에서)

따스한 노점

노점 할머니는 두꺼운 옷을
잠시 벗어 놓으셔도 됩니다.

점심으로 챙겨온 밥과 찌개
나물 반찬이 차갑지 않아요.

펼쳐 놓은 좌판에서
하루 종일 나물을 다듬어도
이제 손이 시리지 않아요.

저녁 무렵에 바람이 부는데
먼지 일어나도 차갑지 않고

이제는 해 질 무렵까지
한 시간 더 좌판을 펼쳐요.

(산본 시장에서)

하얀 산벚

고개를 세 개나 넘어가도
다시 고개길 이어지고

산길 옆에 서서 쉬다가
작은 바위에 앉아서 쉬는데

저기 산 능선 숲속에
희뿌연 무리들이 모였는데
산길 멀리서 뚜렷이 보이네.

가파른 산길 외진 곳에서
하얀 산벚 뚜렷하게 보이네.

한순간 일주일

요즘 일주일은 단지 4일뿐
하루는 월요일
하루는 수요일
하루는 금요일
그리고 하루는 주말

요즘 일주일은 단지 3일뿐
하루는 월요일인데
하루는 금요일이 되고
그리고 주말이 돌아오고

그래서 요즘 일주일은
단지 3일 만에 지나가고
요즘 한 달 보내기는
단지 2주일인가 보네.

반팔 옷

반팔 옷 입어서 서늘하고
반바지 입어도 춥지 않아요.

잎사귀 사이로 철쭉이
무성하게 피어나니
이제 낮에는 더워져 가요.

그래도 겉옷을
팔에 걸치고 다니며
저녁 바람을 대비해요.

가벼운 긴팔 옷을
허리에 매고 다니면서

차가운 밤을 대비하는데
아직 오월은 아니거든요.

주말 전철

주말 전철을 기다리는데
전철 출입문 대기선마다
대여섯 명씩 줄지어 있는데

한 명은 가만히 앞 사람을 보고
두 명은 전철 오는 쪽을 보면서
세 명은 핸드폰을 만지작거리고

무엇을 검색하는지
무슨 게임을 하는지
누구에게 문자 메시지 보내는지

전철 안에서도 같은 모습인데
서 있는 사람들도 그렇고
앉아있는 사람들도 그렇고

전철 빈자리

이번 역은 교차하는 순환선
승객들이 우르르 내리는데

타는 승객은 적어서
빈자리가 여러 곳 남아요.

가운데 일반좌석 일곱 자리에서
두 군데 비어 있고

연결 칸 경로석 세 자리에서
한 곳이 비어 있고

출입구 임산부 좌석 한자리는
여전히 비어 있는데

두 정거장 더 가서 내릴테니
연결 칸 모퉁이에 서 있어요.

반가운 만남

지난 주말 어느 카페에서
얼굴 하얀 분이 인사하면서
이전에 나를 본 적이 있다고

내일 오전에 출국한다고
남쪽 나라 호주에 간다는데

그곳에 아는 분도 없으며
숙소도 정하지 않았다기에
바로 페이스북을 통하여
그곳에 계신 분을 소개했어요.

다음 날 시드니에 도착하고서
그곳에서 온유한 그분을 만나고
고마운 도움을 받았다고 하네요.

앞으로 일 년 그곳에 머물며
아름다운 인연이 이어지겠어요.

산속 목련

이맘때 산속에서
하얗게 빛나는 것은
산벚꽃 이어야 하는데

검은 바위 아래
오디나무 옆에서

희고 기품 있게도
목련이 피어나고 있네

산 아래 마을에서 벗어나
주택 울타리에서 벗어나

외진 산속에서 자라나서
꽃잎을 산속에 떨어뜨리네.

이른 초여름

여름은 한 달 남았지만
오늘 초여름에 들어가요.

지난주부터 봄꽃 떨어지고
잎사귀 무성하게 퍼져나고

주택단지 사이 샛길도
나무 그늘로 가려지더니

바람에 나무잎 출렁이고
꽃잎가루 날리기 시작하니

누가 말하지 않더라도
이른 초여름에 들어가요.

호미를 사면서

이것저것 정리하다 보니
호미를 챙겨오지 못했어요.

재래시장에 들어가서
눈에 익은 철물점을 찾아가요.

호미 하나는 4천원인데
한쪽 끝은 창끝처럼 뾰족하고
나무 손잡이 잡기도 편해요.

철물점 주인 아주머니는
호미를 신문지로 싸매고
검은 비닐로 감아서 주십니다.

가지고 다닐 때나 사용할 때
조심해야 한다고 말씀하시면서

새 호미도 마음에 들지만
비좁은 철물점 안에는
아주머니의 넓은 마음이 있어요.

안경 여러 개

시력이 나빠지고 있는데
이제 3년이나 지나가는데
안경 없이는 읽을 수 없고

안경을 여러 개 준비하여
바지 주머니에 하나
웃옷 재킷에도 하나

가방마다 하나씩 넣고
거실 탁자에도 두어요.

시력은 회복될 수 없다니
더 나빠지지 않기만 바래요.

좋은 일을 기대하기 보다는
속상한 일이 일어나지 않기를

5월 밤하늘

5월 밤은 부드러워서
저 아래 나뭇잎도
살며시 흔들리고

5월 밤은 차분하여서
저 하늘 별빛은
구름에 가려지고

5월 밤은 조용하니
가만히 기다려 보네
조용히 비 내리려는지

오늘 밤 늦게라도
이슬이라도 내리겠지.

소리 없는 바람

흐린 날에 버스에서 졸다가
옆 단지 상가에서 내리고서

교차로를 세 번이나 건너서
잠시 길가에 앉아서 쉬어요.

피곤한 얼굴이 서늘하고
들이마시는 공기도 시원하니
바람이 지나가고 있어요.

팔 언저리가 부드러우니
바람이 건드리며 지나가요.

피곤한 몸을 바람에 맡기니
바람 소리는 들리지 않지만
피곤함을 날리며 지나가요.

아이들 소리

어린이집 아이들이
우르르 놀이터에 나와서

아장아장 걸어 다니며
바둥바둥 돌아다녀요.

미끄럼틀 둘레 돌아가며
아이들은 소리를 질러요.

초록 바지 아이가
꺅꺅 꺄갹 꺄

리본 머리 아이도
아 아악 우아악

다른 아이들도 따라서
와악 와악 까가가 까악

아이들이 소리 지르지만
멀리 퍼지지는 않기에
아무도 놀라지 않아요.

2부

더워지는 둘레길

민들레 솜털

하얀 민들레 솜털은
어디로 날아간다는데

어디로 날아갔는지
꽃술대 하나만 남아서

솜털이 어디로 갔는지
꽃술대에게 물어보면

솜털이 저 멀리 날아가서
꽃들이 피어난다고 해요.

민들레 솜털을 꺾어서
솜털을 날려 보내요.

입으로 불어서 날려 보내고
손으로 흔들어 날려 보내고
솜털이 보이지 않을 때까지

연한 감나무 잎

감나무 껍질은 거칠고
썩은 그물처럼 갈라져서
말라붙어 죽은 것 같아도
곁가지에서 잎사귀 나오네.

잎사귀는 늦게 나오지만
며칠 지나서 보면
아기 손바닥처럼 자라나고

샛가지 마다 서너 개씩
서둘러서 자라나는데

잎사귀에 햇살이 비추고
색깔이 조금 짙어지면
초여름 더위가 시작되요.

더운 날 아카시꽃

마을 산길을 지나가다가
무성한 아카시꽃이 보이면
그곳으로 걸어가게 되는데

꽃덩어리 무거워서 늘어지고
아직 향기가 날리지 않아도

다음 주 남쪽 바람 불어오면
꽃덩어리 순식간에 벌어지고
진한 향기는 마구 날리고

비바람에 흐트러져 떨어지면
초여름 더위에 들어가지요.

산길을 지나가야 하는데
아카시 그늘에서 쉬게 되고

전철 소음

저녁 퇴근 시간은 피곤해서
승객들은 조용하기만 한데

친장에서 에어컨 소리만 들리고
질주하는 전동차 소리만 들리고

운행 사이마다 안내 방송은
소음에 섞여서 들리지 않아요.

방송 내용은 짐작이 되는데
다음 역이 어디인지 말해요.

열 개 정도 역을 지나가면서
역마다 승객들은 점점 내리고
안내 방송도 분명히 들려요.

아파트 새벽

아직 새벽이 오지 않았어요
저쪽 아파트 단지 창가에는
불빛이 한두 개씩 보입니다.

어쩌다 차 들어오는 소리나고
야간 택배 기사님이 들어가면
그곳에 작은 불빛이 보입니다.

한참이나 더 지나고서
누군가 현관문을 열고 나오면
그곳에 작은 불빛이 보입니다.

한참이나 더 지나고서
어느 집 창가에 불빛이 보이고

창문 곳곳에 불 켜지면서
단지 위 하늘도 뚜렷이 보여요.

감나무 까치집

감나무 잎사귀에 가려서
까치집이 보이지 않아도

알에서 깨어나온 새끼들은
잎사귀 사이로 내려다보고

감잎 색깔이 짙어지면
한낮 더위에 헐떡대면서
둥지에서 날개짓하고

장마비 그치고 나면
날개 펴고 마을을 돌면서

감나무골을 눈여겨 보는데
손님이 들어오는지 나가는지

이팝꽃 아카시꽃

아이가 손으로 가리키며
저기 보이는 하얀 꽃들이
조금 다르다고 하네요.

이팝 꽃은 좀 더 환하게
하늘을 올려다보면서

햇살 받을수록 빛나고
흐린 날에도 빛나요.

아카시꽃도 환하지만
고개를 아래로 숙이고

햇살 받을수록 늘어지며
바람 따라서 너울거려요.

산속 오동나무

속달골 산속 오동나무는
미끈하게 자라다가
칡넝쿨에 감겨있는데

예쁜 딸아기를 생각하고
아빠가 심었을 거예요.

예쁜 딸아기가 자라서
시집갈 때가 되면
가구 만들어 주려고
아빠가 심었을거예요.

이제 집터는 수풀에 묻히고
오동나무만 남아있는데

아기는 자라서 어디로 시집가고
아빠는 먼 곳으로 가셨을거예요.

둔대고개 바람

둔대고개 지나가면
바람이 올라오는데

동쪽 갈치호수 넘어서
남쪽 반월호수 지나서
골짜기 타고 올라오는데

나무가지 흔들거리고
무성한 잎사귀 찰랑거리며
둔대고개 길 따라서 나가고

바람 소리가 커지면서
갈참나무 잎사귀 비벼대며
바람개비골 아래로 내려가고

좋은 것들

세상에는 좋은 것들이
너무 많다고 합니다.

건강에 좋은 음식
몸에 좋은 영양제
듣기에 좋은 말씀
감동적인 좋은 글

자기에게 올바른 것들
나에게 필요한 것들
나에게 부족한 것들이
나에게 맞는 선택이
무엇인지 알아야 합니다.

산길에서 잠시 쉬면서
어르신들이 나누는 말을
바람과 함께 들었어요.

자동차 연비

먼저 마음의 부담이 되는데
요즘 자동차 연료비가
너무 올라서 비싸기에

예년보다 1/3 정도나 올라서
화물차 운행하시는 분들은
매일 부담만 늘어가고

운행하여 연료비를 제외하면
남는 게 거의 없다고 하는데

일할 의욕도 떨어지고
건강까지 걱정하게 되니
마음의 부담은 더하다고

산길 쉼터에 앉아있으면
등산객들이 나누는 이야기를
이처럼 듣게 되어요.

함께 가는 길

각자 생각이 다르고
습성이 다르기도 하고
생활방식이 다르게 되지만

함께 살아가는 게
올바른 모습이라고 하는데

살아가다 보면
멀리 있거나 가까이 있거나
헤어져 있기도 하지만

함께 모여야 하며
서로 대화하고 이해하면서
어울려 살아가야 한다는데

산길을 내려오면서
앞에 가는 분들의 대화입니다.

마음에 드는 달

어느 달이 마음에 드나요.

설날 보름달이 떠오르면
그날은 너무 추워서
밤하늘 쳐다볼 겨를이 없어요.

정월 대보름이 뜨게 되면
벼락 추위 몰아치기에
밖에 다니기 어려워요.

추석 보름달이 뜨게 되면
갑자기 가을로 접어들어서
쓸쓸하면서 초조해지네요.

오월 중순 보름달은
조용히 떠올라서 한적하고
초여름을 포근히 비추어요

흐려지는 새벽

새벽에 창문을 열면
서늘한 공기 들어오고

새벽 햇살이 비추면
이슬이 걷혀야 하는데
어쩐 일인지 흐려지는데

한 시간 기다리고 나서
이슬이 걷히면 가야 하는데
기다리지 말고 떠나야 하네

가는 길에 이슬이 걷히겠고
잠시라도 기다리기 어려우니

놀이터 어르신들

어린이들은 어린이집에서 나와서
바로 집으로 돌아가지 않아요.

아직 엄마들이 돌아오지 않으니까
놀이터에서 구르고 매달리고 뛰고

어르신들은 놀이터 벤치에 앉아서
엄마들 퇴근까지 어린이들을 보고

수다 떨거나 핸폰 검색도 하지 않고
엄마들 대신에 어린이들을 보아요.

어린이들이 올라가고 내려가면
어르신들 눈길도 오르고 내려가요.

어린이들이 미끄럼틀 빙빙 돌아가면
어르신들 눈길도 빙빙빙빙 따라가요.

금요일 시장길

금요일 저녁 길은 소란하여
서둘러 걸을 수 없어요.

나가는 사람들도 많지만
들어오는 사람들은 더 많기에

모두 서두르지 않으며
번잡한 시장길을 걸어요.

이제 금요일이나 다른 요일에
복잡한 이 길은 피하고 싶으니

버스 정거장 하나 더 가서
한적한 길을 걸어가고 싶어요.

제과점 우정

이번에도 헤어지기 전에
저기 제과점 들르자고 하는데

지난번처럼 쟁반을 들고서
여러 가지 빵을 골라 담는데

친구가 몇 개를 더 얹어 주네.

크림롤 슈크림롤 조각피자
그리고 단팥빵 네 개 담는데

쟁반에 담는 빵이 수북하고
친구의 우정도 수북하네요.

아파트 주차장

주차장 메운 차들이
아침에 하나씩 나가는데
한꺼번에 나가지 않아요.

여기저기 빈 곳이 보이지만
주차된 차들도 그대로 있어요.

매일 이곳저곳 돌아다니다가
저녁에 주차 자리 잡기 바쁘니
오늘은 차를 두고 나가요.

그곳에 자리를 지키고 있으면
저녁에 주차로 바쁘지 않아요.

선생님 둘러싸기

엄마 한 명에 어린이 하나
모두 여섯 명이 모여서
아파트 후문에서 기다려요.

엄마들은 어린이들을 단속하며
도로 한쪽을 바라보아요.

잠시 후에 노란 미니버스에서
어린이집 선생님이 내리자마자

어린이들은 엄마 손을 뿌리치고
선생님께 서로서로 달려들어요.

어린이들은 선생님을 둘러싸며
무슨 말이라도 걸어보면서
관심을 받으려고 조잘거려요.

창문을 열고

아직 더울 때가 아닌데
낮에 그늘 찾으며 걸어요.

내일도 돌아다녀야 하는데
더위를 피할 수 없어요.

창문 밖으로 올려다보니
어두운 밤하늘 한편에
먹구름 몰려오는데

오늘 밤에 비 내리기를
빗소리 들리기를 바라며
창문을 조금 열어두어요.

이틀 남은 오월

이제 이틀 남아있는데
올해 오월도 지나가는데

헤아릴 수 없는 변화를
곳곳에 만들어 놓았어요.

가만히 돌아보게 되면
하루하루 소홀하지 않고

한낮에도 저녁에도
부지런히 달려갔나 본데

어느덧 초여름에 들어가고
올해 오월은 지나가네요.

택배 소식

지난주부터 매일 기다리는데
자료를 보내주겠다는 소식을
하루하루 한나절 기다리는데

드디어 오늘 소식이 왔는데
오늘 택배로 자료 보냈으니
내일 도착을 기다려 달라고

내일 자료를 받는다고 해도
수정 내용은 이미 정했기에
크게 변경할 내용도 없으니
바로 회신 보내려고 합니다.

이번 달은 넘기게 되겠지만
다음 달 초에 완성되겠으니
어쩌면 다행으로 여겨져요.

달력 한 장

올해 오월이 지나가는데
달력은 아쉽게 넘겨지고
무심하게 뜯어져 나가요

작은방 달력 한 장을 넘기고
거실 달력 한 장은 뜯어내요.

작은방 달력 한 장을 넘기면
다른 그림이 나오지만

거실 달력은 그림이 없기에
한 장 뜯어내면 그만이지요.

다음 달을 기대하기보다는
오월을 붙잡아 두고 싶어요.

오르는 음식 비용

요즘 물가는 점점 오르고
음식 비용도 뛰어오르고

식당에서 음식 주문하면서
서로 가격을 살펴보는데

이번에는 듬뿍 먹고 나서
다음에는 아끼기로 하지요.

벗들이 어색하지 않게
미리 슬며시 계산해 두어요.

불어난 음식 비용만큼이나
벗들에게 정을 쌓아 두어요.

내일 약속

내일 벗에게 메시지를 보내서
이른 저녁에 만나려고 합니다.

지난주 만나자는 소식 왔지만
아직 일정을 잡지 못하고

하루 이틀도 아니고
여러 날 답장을 못했어요.

이런 일 저런 일 챙기다가
예의에 벗어나게 되었어요.

내일이라도 만나게 된다면
벗이 좋아하는 차라도 마시며
기쁜 소식이라도 듣게 되기를

유월 가뭄

공원 나무와 거리 가로수
야산 수풀을 보면
더워지는 유월인데

한 달이나 가뭄이니
밭작물 심은 흙은 굳어서

할머니는 구석진 텃밭에서
끈질긴 잡초만 캐어내고

할아버지는 비탈진 밭에서
마른 흙더미만 바라보고

푸른 유월은 메말라서
아무 소리도 나지 않아요.

3부

쉬어가는 둘레길

목욕하는 곤줄박이

계곡 샘마다 물이 말라서
겨우 한 바가지 물이 담기고

곤줄박이 한 마리가
홀짝홀짝 두 모금 마시더니
푸덕거리며 깃털을 적시는데

다람쥐 한 마리가
갈참나무 타고 도르륵 내려오니

곤줄박이는 파드득 날아가서
오리나무 위에서 기다려요.

어두운 숲길

숲속으로 들어갈수록
도시 소음은 멀어지고

작은 길로 들어갈수록
푸르름 드리우고
하늘은 가려져서
방향을 알 수 없어요.

어두운 수풀 헤치고
오던 길을 되돌아서
숲속에서 빠져나와서

한숨 쉬는 사이에
하늘이 흐려져 있어요.

상연사 북카페

수리산 상연사 입구에는
북카페 정자가 있는데

나무 마루에 앉아서
지나가는 비를 피해요.

육각형 벽면 유리창으로
우람한 참나무들 보여요..

둘레길에 아무도 없는데
산비둘기 소리가 들려요.

어디서 들리는지 나와 보니
벌써 지나가는 비는 그치고

약수터 솔밭

솔길을 걸어가면
솔바람 불어오고

솔길에 들어서면
솔내음 퍼져와서

솔바람에 실려오는
솔내음 맡으면서
솔길을 계속 걸어요.

적갈색 솔길을 걸어도
바람소리 나지 않아요.

다람쥐 교실

'숲속 다람쥐 교실'에서
아이들이 뛰어 놀아요.

숲속 '은판나비집' 안에도
아이들이 들어가 있어요.

한 무리 아이들이 오더니
오두막 계단으로 내려오고

'야자열매 멍석길' 아래로
약수터 물가로 몰려가요.

저기 슬기봉 계곡에는
다람쥐들이 있을거예요.

저녁에 아이들이 헤어지면
다람쥐들이 졸졸 내려와요.

변하는 날씨

새벽에는 뿌옇게 흐리고
아침에 조금 맑아지더니
오후에 다시 흐려지고

무더운 습기에 잠기다가
먹구름 잔뜩 몰려오더니
벌써 사방이 어두워지네

오늘은 일찍 나가야 하고
이런저런 일들이 있는데

날씨가 조금 나아지기만
조급하게 기다리고 있네.

날씨는 나아지지 않으니
내가 먼저 변해야 했는데

떨어진 버찌

하얀 벚꽃이 날리고서
버찌가 알알이 열리다가

길가에 톡톡 떨어지는데
그냥 밟고서 지나가요.

나무 아래 주차된 차에
차 유리에 떨어지고서
그대로 달라붙어요.

진한 검붉은 버찌 열매가
이겨 붙어서 말라버리면
일일이 떼어내기 번거로워

밤비 내려서 차를 적시면
버찌가 떨어져 나가고
검붉은 색깔도 씻겨지기를

매실 담그기

어찌나 바쁘던지
차가운 늦겨울 바람에 매화 피더니

이렇게 서둘러서
따가운 초여름 햇살에 열매 맺는데

너무 이른 탓인지
초록으로 단단하여 먹을 수 없으니

유리병에 담가서
가을까지 100일 동안 묵혀 두는데

한여름 지나가면
과실이 익어가는 계절이 오겠는데

꿈꾸던 길

지금 여기가 어디인지
알 수 없는데

어디로 가야 하는지
알아야 하는데

이 길이 올바른지 아닌지
알 수 있는지

내가 어렸을 때
꿈꾸던 길로 가보면

그때 가려던 그 길이
어쩌면 맞을 수 있는지

그곳에

그곳에 가려는 마음은 있었고
그곳에 가려는 마음은 있는데
오늘도 그곳에 가지는 못해요.

그곳에 가려는 마음은 있으나
오늘도 그곳에 가지는 못하니
무엇인가 남겨진 일이 있어요.

남아있는 일이 풀리게 된다면
내일이라도 가기를 바라는데
그러려면 며칠은 걸리겠는데

다음 주에라도 가면 좋겠는데
장마 전에라도 가면 좋겠는데
그전에 남은 일들이 풀려져야

대야미 백로

대야미 푸른 논에
새하얀 점 하나 있는데

벼에 반쯤 파묻혀서
가만히 서 있는데

백로 한 마리가
머리 들고 서 있는데

무언가 바라보는데
논 안에 무언가 있는지

마을버스 보따리

전철역 입구 정거장에
마을버스가 정차하면
승객들이 줄지어 올라가요.

학생들은 가방을 메고서
직장인들은 쇼핑백 들고서

시장 입구 정거장에
마을버스가 정차하면
승객들이 줄지어 올라가요.

아주머니들이 보따리 들고서
할머니들이 보따리 들고서

아주머니 보따리 하나에는 채소
보따리 하나에는 과일
보따리 하나에는 비누

할머니 보따리 하나에는 과자
보따리 하나에는 두부
보따리 하나에는 양말

개나리 언덕을 지나면서
정거장마다 승객들은 내려요.

학생들은 가볍게 내리고
직장인들은 가뿐하게 내려요.

아주머니들은 천천히 내리고
할머니들은 조심하며 내려요.

시든 감자 줄기

한차례 소나기 오더니
하얀 감자꽃 떨어지고

무성한 줄기도 헤지고
거침없이 시들어 가요.

다음 주 지나지 전에
감자 줄기 걷어내고
검정 부직포 치우고서

감자 캐내야 하는데
또 소나기 오기 전에
좀 더 더워지기 전에

무더운 수풀

무더운 길을 피하며
숲속 그늘로 들어가면

작은 샘물도 말라서
흐르는 소리 들리지 않고

습기 젖은 계곡 지나서
오솔길로 들어가는데

울창한 수풀 속에서
풀벌레 소리 요란하고
산 모기떼 달려들어요.

빠른 걸음으로 되돌아서
무더운 길로 다시 나와요.

백합 줄기 지지대

햇빛이 넉넉지 않은 구석에
노란 백합이 피었는데

누군가 손길을 주어서
백합 줄기에 지지대 세웠어요.

작은 막대기를 끈으로 묶어서
누군가 지지대를 세웠는데

작은 줄기에 몽오리 자라서
다음 주에 피어나겠는데
노란색으로 벌어지겠어요.

밤꽃 향기

더운 유월 들어서
한밤에 밤꽃 향기는
진하다고 하지요.

맑은 날에 밤꽃 향기도
진하기만 하지요.

습기에 절은 허연 밤꽃이
산 아래에서 보이는데

벌들을 끌어오려는지
향기는 산길 입구로 퍼져요.

소나기라도 줄기차게 내려서
진한 냄새가 한풀 씻겨지면
상큼한 향기가 퍼져나겠네.

아우성

아우성 쳐 본다고
누가 들어 주겠나요?

능력 있다는 자
부족 하다는 자
무슨 차이가 있겠나요?

그렇게 살아왔으니
그렇게 살아갈 뿐인가?

인연대로 이루어진다는데
아우성이 소용이 있겠나?

수리산 둘레길 가다 보면
앞서 가면서 뒤에 오면서
이런저런 이야기 들려요.

달밤 고라니

밤하늘이 흐려지면
숲속 길은 어둡고

산 귀신 출몰하고
산 짐승 지나가고
들 짐승 짖어대니

숲속에 고라니는
언제나 두려웠죠

바람도 잠잠하고
별빛도 고요한데

밤하늘이 흐려지면
수풀 안에 숨어요.

어제 달빛

어제도 그저께도
어두운 밤이어서
달빛도 비추지 않고

오늘도 온종일 흐려서
하늘은 여전히 어두워서

어제 밤에 보았던
실낫 같은 달빛은
흔적조차 보이지 않네.

무엇을 기대하겠나
달빛은 이미 비추는데

내 마음 안에서
여전히 비추고 있는데

토마토 줄기

하늘을 쳐다보기도 지치고
바라보면 서운하기만 한데

하늘이 알아차렸는지
하늘이 어두워지더니
빗살이 쏟아집니다.

쳐지던 토마토 줄기는
빗살에 요란하게 맞고서
천천히 잎사귀를 펼치고

한 시간이나 비에 젖어서
열매는 천천히 부풀고서
점점 주황색으로 물들고

가고 싶은 곳

이달 초에 가본다는 했는데
이달 중순이 훌쩍 지나고서
이달 말에도 생각만 하네요.

다음 달에 가게 되면 좋은데
초순에 여유가 나면 좋은데

우선 근처에라도 들러야
무슨 소식을 들을 수 있는데

발걸음은 점점 어렵지만
우선 그곳에 가서 보아야
얼마나 변했나 알 수 있겠지.

저녁 장마

어느 날 저녁 무렵에
장마비 쏟아지면

시골 논밭에서
개구리들 우짖는데

산길 가다가 내려와서
길가 주점에 앉아서

먼 산에 자욱한 안개를
물끄러미 바라보아요.

빗물에 씻기고

하루 종일 어두웠다가
장마비가 쏟아지는데
주루룩 퍼붓기도 하고
바람에 날리기도 합니다.

멀쑥이 자라난 오이 줄기부터
갓 심어서 솎아낸 들깨잎까지
씻겨지고 벗겨지는데

며칠 지나서 남긴 색깔은
단지 초록색뿐이 아닙니다.

연하게 붉은 고추
보라빛 검은 가지
노르스름한 대추토마토
불그레 물드는 방울토마토
연초록으로 길쭉한 애호박

우비 입은 할아버지

할아버지는 노란 우비 입고서
오이 밭고랑에 숙이고서

오이 줄기 노란 줄을 연결하고
덩굴을 지지대에 매달아요.

줄기 위쪽 가로대에
빨간 줄을 올려 매고 있어요.

할아버지 얼굴은 안 보여도
오이 덩굴을 올리는
할아버지 손길이 보여요.

연한 오이 덩굴은
줄을 타고 올라가겠어요.

짧은 유월

가뭄에도 감자꽃 피어나고
어렵게도 물 댄 논에
늦은 모심기 시작하더니

단지 두 차례 소나기에
유월은 금방 지나가네요.

한차례 소나기에
밤꽃 우수수 떨어졌으니

또 한차례 소나기 내려도
이제 떨어질 꽃들도 없고
이제 유월은 지나갑니다.

비에 젖은 까치

날이 개어 가려는지
산줄기에 물안개 오르지만
아직 빗살은 날리는데

까치가 젖은 땅에 앉아서
날개가 젖어 드는데
무엇을 하려나 봐요.

느티나무 줄기가 아늑한데
그곳에서 무슨 일이 있는지

젖은 땅바닥에 내려와서
줄곧 비를 맞고 있어요.

원두막 채소 할머니

마을버스 마지막 정거장에
길 옆으로 원두막 있는데
채소 할머니 앉아서

장마비 소리 들으며
호박 줄기를 다듬어서
채곡채곡 소쿠리에 담아요.

호박 줄기 벗겨내기는
수월하다고 하시는데

도라지 껍질 벗기기
더덕 껍질 벗겨내기
마늘 껍질 벗겨내기

고구마 줄기 벗겨내기보다는
호박 줄기 벗겨내기가 쉽다고

노랑바위 물소리

빗소리는 요동치는데
조금도 수그러들지 않고

새벽안개 뿌옇게 내려서
아무것도 보이지 않고

하늘에서 바로 땅으로
빗줄기는 쏟아지면서
무엇이나 두드려 대니

숲속 노랑바위 계곡에서
폭포 물소리가 들려와요.

수리산 산신령

천둥소리 멀리서 들리고
별안간 번개가 몰아치니

멀리 슬기봉 숲에서
태을봉 능선 지나고
관모봉 줄기까지
장대비 한껏 퍼부어서

노랑바위 계곡에는
빗물이 불어나서
바위를 굴리고

수리산 산신령은
흰옷 두르고 안개되어
산신각 돌아서 오르네.

4부

무더운 둘레길

무서운 무더위

한여름 더위에 오는 손님은
도적보다 무섭다고 했으니

난폭한 더위를 피하여
집 안에서 나오지 못하고

더위가 지나가기를
도적이 지나가기를

누구도 자신이 없는지
소식을 보내지 않는데

보고 싶은 마음은 있어도
약속을 주고받지 않아요.

늦게 가는 우편

해외 소포는 선박으로 간다니
항공으로 가지 않는다는데

요즈음 코로나 전염병 사태로
항공기로는 우편 화물을
접수하지 않는다고 합니다.

선박으로 3달이나 걸린다는데
3달 후에 이곳은 가을이 되고
그곳 호주에는 봄이 시작되고

책의 내용은 봄소식 담았으니
보내는 책은 봄소식 되겠어요.

창밖 먹구름

이른 새벽도 아닌데도
창문 가린 커튼 사이로
빛이 들어오지 않아요.

커튼을 열어야 하지만
조금 더 기다려 보는데

밝아지기를 기대하는데
빛은 들어오지 않아요.

커튼을 거두어 보아도
창밖 하늘은 어둡기에

먹구름 지나가고
오전에 소나기 내려야
빛이 들어오겠어요.

나빠진 시력

점점 시력이 약해가니
멀리 떨어진 것들은
분명히 보이는데

바로 앞에 있는 것들이
흐리게 보이기에
관심이 멀어지네.

가까운 것들이
아름답고 귀하다고 해도

먼 것이 편하여
눈길을 멀리 바라보아요.

숲속 습기

한여름 산길은 습하고
수풀도 습기로 젖어서

겨우 하루 나절 사이에
삿갓버섯이 솟아오르고

작은 샛길로 들어가도
수풀은 축축하게 젖어서

작은 새가 벗들 부르는데
멀리 전해지기나 하는지?

아무런 응답이 오지 않으니
그곳도 습기에 젖어있는지?

무더위 작업

이렇게 무더운 날에
요란한 소음을 내면서
도로에서 작업을 하는데

일부 도로를 막고서
중장비를 동원하여서
도로 표지판 교체하는데

이렇게 무더운 날이지만
작업하는 분들이 있는데

타오르는 무더위 속에서
바람도 그늘도 없는데

무더위에 맞서 작업하며
무더위를 과감히 날리고

세월이 지나고

시간이 지나가고
세월이 지나가면

그리운 분들 떠나고
정겨운 모습도 없어지고

아름다운 추억도
소리 없이 사라지네요.

아쉬움 남겨지고
안타깝기도 하지만

다시 돌이킬 수 없으며
다시 돌아볼 수 없지요.

막히는 퇴근길

요즘 퇴근길 도로 정체는
한 시간 일찍 시작되는데
차 안에서 고단하게 보내요.

저 앞에 사거리 신호등은
오늘은 세 번 바뀌어도
바로 통과하지 못해요.

이곳을 통과한다고 해도
고가도로 지점에서 막히고
아래 분기점에서 대기해요.

그곳 지나서 작은 길로 가면
천천히 편한 길로 들어가요.

무더운 유령들

저 아래에서 한 명은 지쳐서
산책길을 천천히 올라와요.

사이 길에서 한 명이 나와서
바위 옆길을 비집고 들어가요.

막대기 하나를 들고서
맥없이 땅을 짚으며 지나가요.

무서운 무더위를 피하려고
산속으로 들어왔는데

무더위 속에 사로잡혀서
유령처럼 덤덤하게 걸어가요.

저기 나무 그늘 벤치에도
한 명이 멍하게 앉아있어요.

농지와 농사

멀리 찾아가지 않아도
근처에 농지를 있는데

봄마다 갈아 놓은 밭에
검정 비닐 부직포 덮고
작물을 가꾸어요.

한해살이 작물
여러해살이 작물
과일나무와 묘목들

여러 가지 심었는데
가꾸기는 수월치 않고

농지와 작물은 있으나
농민의 손길이 없으니
작물답게 자라지 않네.

궁내쉼터 할머니들

오늘도 이렇게 무더운 날씨에
공원 한 바퀴 돌기는 힘들어요.

옆길 비탈 고개를 오르다가
다시 평평한 길로 돌아가요.

고개 위에 우람한 궁내 정자에
할머니들이 앉아서 누워서

부채를 이리저리 흔들어도
가랑잎 바람도 일지 않고
흔드는 손이 무척 무거워요.

습기 속에 몰려드는 해충으로
누워서도 자주 뒤척이게 되니
잠시나마 단잠에 들지 못해요.

작은 가방과 비닐봉지와 휴지
작은 물병이 놓인 것을 보아서

이른 낮부터 집에서 나오셔서
서늘하고 안락한 데를 찾다가
여기에 자리 잡고 누우셨어요.

무더운 하루에 해지기까지는
여러 시간이나 남아 있고

한여름 여러 날 여러 주일을
이렇게 불편하게 보내시네요.

장마 흙물

소나기 퍼부으면
경사진 언덕 아래 밭으로
흙물이 쏟아지고

마당 옆 고랑이 무너지면
밭으로 흙물이 덮치면서

참외와 호박 넝쿨 잠기고
오이 줄기는 썩어가네.

며칠 지나서 비 그치고
날씨가 개인다고 해도
빗물에 상처 입은 작물은
회복되지 못하네.

울타리 밭 이쪽

울타리 전체라고 해 보아야
까치가 날개짓 한번 푸덕이며
자리를 옮겨 앉을 정도이겠고

할아버지 걸음으로 해서
겨우 서너 걸음마다
밭에 고랑을 파고서
콩 파 팥 심고서

대여섯 걸음마다
둔덕을 만들고서
옥수수 땅콩 상추 심었는데

이제 연세가 너무 많아서
하나하나 다듬지 못하네.

울타리 밭 저쪽

울타리 밭 저쪽을 보면
농기구 보관하는 초막 옆에
작은 나무 의자는 있는데

할머니가 앉아보신 지가
여러 날 여러 날이나 지나서
주위에 잡초가 자라고 있어요.

며칠 지나서 서늘한 저녁에
할머니가 나와 보기나 하겠나요.

몸이 아프셔서 거동은 어려워도
마음은 밭 울타리에 있을거예요.

붉은 배롱나무

붉게 빛나는 나무는
한낮 불볕을 받아서

이글대는 불꽃 조각들이
엉기고 엉겨 붙어서

소리 없이
연기 없이
꺼지지 않고
타오르고 있는데

너무나 뜨거워서
바람도 건드리지 못하고

한가한 주차장

둘레길 아래 주차장에
입구 쪽에 서너 대
숲 울타리 나란히 두 대

비가 한참 더 내리고
한 대가 들어오는데
한번 죽 둘러보면서
여유 있게 주차해요.

한가로이 주차된 차들은
비를 맞으며 기다리는데

산속 둘레길 올라간 분들은
한참 지나야 내려오겠어요.

할머니 물병

반바지 입은 할머니는
건물 뒤쪽 그늘에
수레를 세워두고서

물병을 꺼내어서
한 모금 두 모금
서너 모금 마시네요.

수레가 비어 있으니
반나절 동안 주워 담은
폐지 더미와 종이 상자를
고물상에서 처리하셨어요.

오전에는 수레를 끌면서
서늘한 물을 마셨는데

지금은 물병이 미지근해도
그대로 마시기만 하시네요.

(산본 시장 골목에서)

더위에 갈 곳

타오르는 더위에
하루라도 한시라도
서늘한 곳으로 가려는데

가는 길에 시달리고
오늘 길에 지치겠고

답답한 데서 나와서는
오가는 길이 답답하네.

한여름 더위를 벗어나기는
광활한 불볕 사막에서
한두 걸음 옮겨볼 정도이니

작은 나무 그늘에 앉아서
불볕더위 피하면 다행이네.

열대야 고통

오전은 그런대로 버티는데
오후 시간은 괴롭고

저녁에도 힘들지만
한밤은 절절한 고통이네.

잠시도 잠에 들지 못하고
누워서 한없이 뒤척거리고

습기 젖은 몸을 긁어대며
찌든 열기를 들이마시고

몸을 비틀어 대면서
새벽까지 잠들지 못하네.

비 내리는 콩밭

저기 산 아래 밭에서
누군가 비옷을 입고 일하는데

서리태 줄기가 쓰러져서
두세 줄기를 한 다발로 묶어서
여기저기 삐죽하게 세워요.

소매 사이로 빗물이 스며들고
두 손은 빗물에 흠뻑 젖어요.

서리태 줄기에서 빗물 튀기고
바지에 젖은 물기 내려가서
장화 안에 흥건히 고여 들고

쓸려 내려오는 밭 흙으로
장화 디디는 고랑이 질퍽해요.

달빛 고라니

너의 모습은 아름다운데
너의 마음도 아름다운데
너는 숲속 고라니이니까.

한낮에는 수풀 속에서
숨죽이며 숨어 지내고

어두운 한밤에 나와서
지나던 길을 살피며 걸으며

오늘도 달빛 별빛 비추는데
긴 다리로 살금살금 걷는데

어두운 숲속에서도
너의 모습은 아름다워서

관모봉 먹구름

앞산 줄기를 바라보는데
안개가 거슬러 오르지만

그 위에 시커먼 먹구름이
기세 좋게 누르고 있으니
금방 장대비 쏟아지겠네.

비가 계속 내린다고 해도
별일이 없기를 바라는데

오늘 저녁까지는 그쳐야
내일 어디라도 둘러보고
주말에 누구라도 만나고

늦여름 밭

할아버지는 밭에서
봄에 심은 작물을 거두어요.

일찌감치 상추 거두고
토마토 오이 애호박 거두고
비어지는 밭에 흙만 보여요.

한 고랑 열무만 남기고
몇 주일 쉬었다가
가을 김장 작물 심으시겠죠.

배추 조선무 알타리
그리고 대파 쪽파 돌산갓

책 읽는 분

간단한 문고판 책이고
글자도 적절하게 보이니
아마 수필이나 시집인지

검은 반팔 셔츠 입었는데
하얀 이마가 둥그런데
머리를 양쪽으로 빗고서

조용한 전철 안에서
오직 한 분이 책을 읽어요.

다른 승객들은
핸폰 들고 무언가 검색하고

그분은 혼자서
책을 보면서 책장을 넘기고

지나가는 계절

한 계절이 지나가기는
무던히 힘든가 보다

하루하루 시간이 지나고
두세 달을 견디다 보면
저절로 한 계절 지나고

하루하루 지나기는
이렇게도 쉽지 않고

한 계절을 견디기는
무던히도 어렵나 보다

벗과 소나기

우연히 벗을 만나서
길가 카페에 들어가서

잠시 대화 나누는데
한바탕 소나기 내려요.

소나기 퍼붓고 나서
무더위 더 심하지만
벗과 만난 정이 깊으니

오늘 저녁 무더위는
서늘하게 지나가네요.

풀벌레 소리

잔가지 나뭇잎들이
살살살 살랑이고

울창한 그늘 속에서
풀벌레 소리 들리는데

초가을 바람 만큼이나
소란하지 않아요

요란하게 울려대도
소란하지 않아요.

새벽 햇살

오늘부터 춥다는데
새벽 하늘을 바라보네.

차가운 안개가 무거워서
산 위에 새벽 빛은
느리게 느리게 올라오네.

한참 기다리면
산줄기 안개 따라서
햇살이 나오겠지.

조금 더 기다리면
남아있는 단풍잎 사이로
햇살이 나오겠지.

벼 이삭

고인 물 빠졌지만
습기에 숨 막히고

벼 자라는 논은
열기에 뿜어내는데

고추잠자리 맴돌고
벼 이삭 트이네.

고추잠자리 날아가고
고추잠자리 숨어들며
벼 이삭 트이네.

갈치호수

안산으로 해 지려면
한참 있어야 하는데

갑자기 산이 어둡고
둘레길도 어두우니

갈치호수 바라보며
한 굽이 돌아가면
빗방울 떨어지겠네.

덕고개 넘어가고서
수리골 지나가면
빗살이 쏟아지겠네.

수리산 둘레길 지나며

작품 해설

- 수리산에서 노래하는 서정시 -

김덕영
아신대학교 교수
문화평론, 응용언어학 박사

인간은 누구나 자신만의 경험과 이에 대한 판단을 가지고 있으며, 자신의 감정을 표현하려는 본능을 가지고 있다고 본다. 이러한 경험의 표출은 어떤 면에서 자기 위주의 테두리를 형성하기도 한다. 사회문화적 관점(socio-cultural aspects)에서 보면 인간은 자신이 소속된 사회에서 문화적 속성을 공유하기도 한다. 또한 그 사회의 문화를 고수하면서, 고립적인 태도를 유지하는 경향이 있다.

언어적 관점(linguistic aspects)에서 보더라도, 인간은 주어진 상황에 따라서 언어 표현이 다양하게 나타나기도 한다. 그 반대로서, 각 개인도 자신이 생활하는 상황이 언어에 반영됨은 부인할 수 없다고 본다.

이 작품에 나타난 언어 표현을 통하여 자가의 경힘 세계를 살펴볼 수 있는데, 작가는 대담하거나 실험적이

거나, 어떤 이론적 근거에 얽매이지 않고, 자신의 진솔한 경험을 평이한 문체로 서술하고 있다. 작가의 간단하고 쉬운 언어 표현에서 서정성을 느낄 수 있으며, 전반적으로 운문적 문체(poetic style)를 도입하고 있다.

　작가의 이러한 자세는 문화 공유라는 면에서 누구에게나 공감을 느끼게 한다. 다시 말해서, 작가의 시들을 읽어가면서 독자는 작가와 과거와 현재의 경험을 공유하게 되며, 비록 경험을 공유하지 못해도 서로 공감을 형성하게 된다.

　이 작품집은 전체적으로 4단계로 구성되어 있는데, 각 단원이 별개의 시들의 집합이 아니라, 수리산이라는 소재와 이를 통한 작가의 경험 세계가 하나로 어우러져 있다. 즉, 각 단원은 전체적으로 하나의 서사적 연결망을 구축하고 있다

　1단계: 따스한 둘레길.
　3단계: 쉬어가는 둘레길.
　4단계: 무더운 둘레길

　또한 자연에서 느끼는 계절의 변화를 그 속에서 살아가는 인간의 정서와 연관 지으며 순수한 감성을 표출하고 있다. 그러나 지나친 낭만적 감정 노출은 찾아볼 수 없으며, 누구나 공감할 수 있는 쉬운 시어를 장안하고 있다.

　작가의 이전 작품들에서도 한결같이 서정성을 보여주고 있는데, 현재 우리 시대에서 사라져가며 아쉬워하는

문화적 유산에 대한 그리움을 이 작품집에서도 담아내고 있다. 따라서 이전 작품의 연속선상에서 수리산이라는 하나의 소재를 가지고 단행본 시집을 출간하는 작가의 시작 역량을 존중하게 된다.